AF373378

5

CONSEILS POUR S'EN SORTIR AVEC DES VOISINS BRUYANTS

Sohée

5

CONSEILS POUR S'EN SORTIR AVEC DES VOISINS BRUYANTS

*Petit guide de l'intrépide aspirant
à la tranquillité domestique*

Pour la présente édition :

Éditeur : SAS F & P — Paris 2ᵉ.

Site internet : www.5conseilspoursensortir.fr

ISBN : 978-2-48776505-4

Dépôt légal : septembre 2024

À Loustic,
mon silencieux compagnon à quatre pattes

La perceuse du bricoleur compulsif d'à côté vous fait grincer des dents ? Les conversations animées des fêtes de votre voisin vous empêchent de trouver le sommeil ? Le pianiste du dessous vous dérange sans cesse ? Les gamins qui jouent au football dans l'appartement du dessus vous donnent des envies de hurler ?

Ce ne sont là que quelques exemples parmi tant d'autres des nuisances sonores entre particuliers. À ne pas confondre avec les bruits des activités professionnelles ou ceux des activités de sports et loisirs qui ne seront pas abordés dans ce guide.

Ainsi, convient-il de se reporter à la circulaire du 27 février 1996, relative à la lutte contre les bruits de voisinage, laquelle définit les bruits de comportements comme étant des bruits inutiles, désinvoltes ou agressifs, pouvant provenir :

– des cris d'animaux, en particulier les aboiements de chiens ;
– des appareils de diffusion de son et de musique ;
– des outils de bricolage ou de jardinage ;
– des appareils électroménagers ;

– des jeux bruyants pratiqués dans des lieux inadaptés ;

– de l'utilisation de locaux ayant subi des aménagements dégradant l'isolation acoustique ;

– des pétards et pièces d'artifice ;

– des activités occasionnelles, fêtes familiales, travaux de réparation ;

– de certains équipements fixes, comme les ventilateurs, climatiseurs, ou pompes à chaleur, non liés à une activité visée par l'article R. 48-3 du Code de la santé publique.

Cette liste n'est pas exhaustive.

À la lecture de cette circulaire, le vieil adage suivant prend tout son sens : « Un mauvais voisin est une calamité, un bon voisin, un vrai trésor. »

Mais en fait, en matière de bruit, il n'y a ni bons ni mauvais voisins, tout dépend de la tolérance de chacun. Il est indéniable que certaines personnes sont plus sensibles au bruit que d'autres. Néanmoins, cela ne signifie pas qu'il faille tout accepter.

Selon une enquête de l'institut de sondage IFOP intitulée « Les décibels de la discorde », commandée par l'Association JNA (Journée Nationale de l'Audition) et publiée en mars 2022, près de 70 % des Français interrogés affirment se sentir agressés par le bruit, que ce soit à leur domicile ou en dehors de leur lieu de travail. La crise sanitaire liée à la COVID-19 a exacerbé cette situation : les différents confinements ont mis nos nerfs à rude épreuve, et le développement du télétravail a accentué le besoin d'un environnement calme et propice à la concentration. Alors que certains ont pu se réfugier dans leurs résidences secondaires à la campagne ou en bord de mer, d'autres ont dû subir en ville les nuisances de voisins bruyants, rendant leur quotidien souvent insupportable.

Et même si les beaux jours sont revenus, les séquelles de la pandémie persistent. Le bruit est plus que jamais une préoccupation majeure. Désormais, on parle de « pollution sonore » plutôt que de simples nuisances sonores, car ce concept englobe les conséquences du bruit sur la santé et l'environnement : troubles du sommeil, stress, anxiété, problèmes cardio-vasculaires et d'hypertension, troubles de la concentration, perte d'audition, hypervigilance chez l'homme, et modifications du comportement chez les animaux, qui fuient les zones bruyantes pour trouver des habitats plus paisibles. Nos amies les bêtes sont d'ailleurs souvent les premières victimes d'un environnement sonore dégradé !

Bref, la pollution sonore est devenue un véritable problème de santé publique, à tel point que le législateur a dû intervenir.
La loi du 15 avril 2024 a introduit l'article 1253 du Code civil, sanctuarisant le trouble anormal de voisinage en ces termes :

« Le propriétaire, le locataire, l'occupant sans titre, le bénéficiaire d'un titre ayant pour objet principal de l'autoriser à occuper ou à exploiter un fonds, le maître d'ouvrage ou celui qui en exerce les pouvoirs, qui est à l'origine d'un trouble excédant les inconvénients normaux de voisinage, est responsable de plein droit du dommage qui en résulte. »

Alors, ce guide pratique, en phase avec l'actualité, tombe à point nommé ! Il a pour objectif de vous aider à identifier les situations relatives aux bruits de comportement relevant du trouble anormal de voisinage entre particuliers.

Je pressens déjà la question qui vous brûle les lèvres : mais à quel moment un trouble de voisinage devient-il *anormal* ?

La réponse la plus couramment donnée : lorsqu'on fait du bruit le soir après 22 h !

Eh non, contrairement aux idées reçues, il n'y a pas que le couperet de 22 h assimilé à du tapage nocturne qui compte : le bruit peut être anormal de jour comme de nuit !

Ce principe fondateur est gravé dans le Code de la santé publique depuis le décret n° 2006-1099 du 31 août 2006 et plus particulièrement à l'article R. 1336-5 dudit code : « Aucun bruit particulier ne doit, par sa durée, sa répétition ou son intensité, porter atteinte à la tranquillité du voisinage ou à la santé de l'homme, dans un lieu public ou privé, qu'une personne en soit elle-même à l'origine ou que ce soit par l'intermédiaire d'une personne , d'une chose dont elle a la garde ou d'un animal placé sous sa responsabilité. »

Et pourtant, peu de gens le connaissent.

Mieux, les trois critères énoncés par cet article : durée, répétition <u>ou</u> intensité sont alternatifs (grâce à la conjonction de coordination « OU » !) et non cumulatifs. Ce qui signifie que si le trouble anormal concerne ne serait-ce qu'un seul de ces critères, alors il est avéré.

Mais souvent, mieux vaut prévenir que guérir. C'est pourquoi ce petit guide vous amènera à prendre les précautions nécessaires pour éviter de vous retrouver dès le départ dans un environnement bruyant. Quelquefois, vous pensez qu'il est trop tard : le voisin bruyant est déjà installé et vous êtes en mode survie de Koh Lanta.

Non, il n'est pas trop tard ! Ce guide vous permettra de découvrir les moyens d'action à votre disposition pour lutter contre les nuisances sonores, tout en évitant les dépenses inutiles qu'une action en justice pourrait entraîner, même si parfois, il faut s'y résigner en préparant un solide dossier.

Alors, silence, on tourne… les pages !

CONSEIL Nº 1 :

Bien choisir son lieu d'installation

Votre domicile est bien plus qu'un simple toit au-dessus de votre tête ; c'est votre refuge, votre nid douillet, le lieu où vous rechargez vos batteries et profitez de moments précieux, seul ou avec vos proches. Que ce soit pour vous reposer, vous épanouir ou travailler – télétravail oblige –, votre foyer doit incarner un havre de tranquillité. Imaginez-vous rentrer chez vous la boule au ventre, craignant les hurlements du téléviseur de vos voisins bruyants, priant pour que ces derniers soient absents, ou sursautant à la moindre perturbation sonore. Votre vie serait intenable, n'est-ce pas ? Il est donc essentiel de bien choisir l'endroit où vous poserez vos valises ; un lieu qui répond à vos besoins de calme, qu'ils soient personnels ou professionnels. Pour éviter les mauvaises surprises, voici quelques conseils qui vous aideront à faire un choix éclairé.

La première question à se poser est celle du cadre de vie : préférez-vous l'effervescence de la ville ou la quiétude de la campagne ?

Longtemps, la campagne française a été délaissée au profit des zones urbaines, mais la pandémie de COVID-19 à compter de mars 2020 a inversé cette tendance, attirant de nombreux citadins en quête de nature et de tranquillité qui souhaitaient échapper aux agressions sonores répétées lors des différents confinements. Cependant, ces nouveaux habitants, ou « néoruraux » ne sont pas toujours préparés aux réalités sonores de la vie à la campagne. Les bruits apaisants de la nature, tels que le chant des oiseaux, le bruissement des feuilles dans le vent ou le clapotis d'un ruisseau dont ils avaient rêvé, peuvent rapidement laisser place à des sons moins agréables pour certains : le chant matinal du coq, les meuglements des vaches, les bêlements des moutons, le vrombissement des tracteurs ou encore le passage de motos tout-terrain. Ces bruits de la campagne font régulièrement l'objet de décisions de justice croustillantes mobilisant parfois des comités de défense virulents pour sauvegarder la ruralité.

Qui n'a pas entendu parler de l'affaire du « coq Maurice » de Saint-Pierre d'Oléron au centre d'un conflit judiciaire à cause de ses voisins qui se plaignaient de son cocorico matinal. Érigé en symbole de la ruralité, le coq Maurice, aujourd'hui décédé (paix à son âme !), a été épargné par le tribunal, lequel a décidé que « le chant épisodique d'un coq, dans une commune rurale et éloigné du centre-ville, ne constitue pas un trouble anormal du voisinage. » (Tribunal d'instance de Rochefort-sur-Mer, 5 septembre 2019, n° 11-19-000233)

Mais après moult péripéties, ce coq aura laissé pour héritage la loi n° 2021-85 du 29 janvier 2021 visant à définir et à protéger le patrimoine sensoriel des campagnes françaises, laquelle a introduit dans le Code de l'environnement « les sons et odeurs » comme caractéristiques des espaces naturels, éléments à préserver au même titre que les paysages ou la biodiversité.

Alors, si vous envisagez de vous installer à la campagne, il est primordial de bien comprendre et d'accepter ce patrimoine sensoriel, même si toutes les dispositions de la loi du 29 janvier 2021 ne sont pas encore bien appliquées.

Autre point à ne pas négliger : l'article 1253 du Code civil issu de la loi du 15 avril 2024 a consacré le principe de l'antériorité d'installation ou « pré-occupation » en matière de trouble anormal de voisinage. En d'autres termes, il est désormais prévu d'exonérer de toute responsabilité l'auteur d'un trouble anormal de voisinage provenant de n'importe quelle activité (agricole, industrielle, commerciale, artisanale, libérale…) qui existait <u>avant</u> votre arrivée, sauf si cette activité ne répond pas aux normes en vigueur. Cette nouvelle disposition réduira sensiblement le nombre de recours en justice dès lors qu'il appartient à la victime de démontrer que son bruiteur ne respecte pas les normes réglementaires ou que les troubles se sont aggravés depuis son arrivée.

Par conséquent, avant de signer un bail ou un compromis de vente, une visite complète sur place de votre prochaine demeure est indispensable. Même si les visites virtuelles sont à la mode, prenez le temps d'aller découvrir votre futur environnement, de jour comme de nuit, et n'hésitez pas à enregistrer ou à filmer l'ambiance sonore pour avoir une preuve de la quiétude des lieux à votre arrivée, en cas de dégradation future de la situation. Comme nous le verrons plus tard, en matière de nuisances sonores, les preuves sont déterminantes.

₨ ✎ ‣

En ville, le paysage sonore est tout autre. Ici, le bruit est omniprésent : circulation, transports en commun, sirènes des pompiers, chantiers, commerces, écoles… Il est presque impossible d'échapper à cette cacophonie urbaine. Quitter la ville pour la campagne, c'est souvent être frappé par le contraste : le pépiement des oiseaux, le murmure des rivières, le chant des cigales… Autant de respirations silencieuses ou de sons qui paraissent inexistants en ville, où un fond sonore constant règne en maître.

Pour choisir votre futur domicile urbain, il est crucial de bien identifier les sources potentielles de bruit. Les villes de plus de 100 000 habitants mettent à disposition des cartes interactives qui répertorient les zones les plus bruyantes. Certains sites immobiliers tels que bienici.com (je n'ai pas d'actions dans ce site internet !) offrent également des visualisations en 3D du logement, des commerces, des transports et des services municipaux de son quartier, tandis que d'autres proposent des vues immersives *via* Google Maps (je n'ai pas non plus d'actions chez Google !). Cependant, rien ne vaut une visite sur place pour évaluer le bruit ambiant, notamment celui du trafic, de la proximité d'établissements scolaires, de zones de jeux, de commerces aux horaires décalés (boulangeries, restaurants, bars, discothèques…), ou encore d'infrastructures comme les hôpitaux ou les casernes de pompiers.

Le défi sonore atteint son paroxysme lorsque l'on envisage de vivre à proximité d'un aéroport. Le bruit des avions, avec le ronronnement des moteurs, les crissements des pneus sur le tarmac, les décollages et les atterrissages fréquents, peut vite devenir insupportable. Il est essentiel de se renseigner, car les nuisances sonores ne se répartissent pas uniformément. Par exemple, les communes proches de l'aéroport d'Orly, comme Villeneuve-Saint-Georges, subissent davantage les nuisances sonores que la ville d'Orly elle-même, en raison des trajectoires des couloirs aériens. Depuis le 1er janvier 2020, les propriétaires dont les logements se situent dans une zone de bruit définie par un Plan d'Exposition au Bruit (PEB), plus particulièrement près d'un aéroport, doivent informer les futurs locataires de cette situation. Ne négligez pas cette information, qui pourrait être essentielle en cas de mauvaises surprises après votre emménagement.

Par ailleurs, il est conseillé d'effectuer plusieurs visites de son futur logement à des moments stratégiques de la journée et de la semaine pour mieux évaluer le niveau sonore : le matin avant que tout le monde ne parte travailler, le soir à partir de 19 h ou 20 h, et surtout durant le week-end. N'hésitez pas à revenir et à varier les jours de la semaine. Même la saison peut avoir son importance : les habitudes de vie diffèrent en hiver et en été, période où l'on vit plus souvent à l'extérieur.

L'application mobile « Noise Capture », disponible gratuitement sur Android, permet également de mesurer l'exposition au bruit en temps réel de votre quartier et de participer à la création de cartes sonores urbaines interactives, consultables en ligne ou sur smartphone.

Enfin, gardez à l'esprit que le niveau sonore en ville peut évoluer. Ce qui est un quartier paisible aujourd'hui peut devenir bruyant demain, notamment en fonction des projets d'urbanisme à venir. Pour anticiper ces changements, consultez régulièrement le Plan Local d'Urbanisme (PLU) de votre commune. Ce document, accessible sur geoportail-urbanisme.gouv.fr ou sur le site de votre mairie, identifie les zones bruyantes et les zones de quiétude, et impose parfois des règles spécifiques en matière d'aménagement et de construction. Par exemple, il peut limiter la hauteur des bâtiments, interdire certaines activités bruyantes ou exiger une isolation phonique renforcée.

Si vous êtes à la recherche d'un lieu calme dans votre ville, sachez que le « label Quiet » valorise tout endroit permettant aux personnes de bénéficier d'espaces de tranquillité sonore. Pour obtenir cette aide, il suffit de déposer un dossier comme indiqué sur le site bruit.fr/Rubrique « Collectivités », puis « Label Quiet. »

Après avoir examiné les bruits extérieurs, il est temps de se pencher sur les nuisances sonores internes à votre logement, souvent à l'origine de conflits avec vos voisins.

CONSEIL Nº 2 :

Repérer les sources de bruit à l'intérieur d'un logement

Les bruits intérieurs peuvent rapidement devenir une source de gêne considérable entre voisins, surtout dans des environnements urbains où l'espace de vie est partagé de manière étroite. Comme dirait un de mes anciens directeurs, ce constat est lié à « la restriction de la contrainte spatiale ». Autrement dit, vous serez plus sensible aux bruits de vos voisins en habitant dans un studio de 15 m^2 que dans un cinq pièces de 120 m^2 avec terrasse.

Voici une classification des principaux types de nuisances sonores à l'intérieur d'un logement :

1) Les bruits d'impact :
Ils résultent d'actions mécaniques sur les surfaces solides et incluent :
– les pas ;
– le claquement des talons ;
– les chutes d'objets ;
– le déplacement de meubles sur les sols ;
– les bruits de chocs contre les murs, les plafonds ou les radiateurs.

2) Les bruits aériens :
Ces sons se propagent dans l'air et sont en général associés aux activités humaines courantes :

– les conversations ;
– la musique ;
– la télévision ;
– les cris d'enfants ;
– les appareils électroménagers comme les robots, réfrigérateurs, lave-linge, aspirateurs.

3) Les vibrations :
Ces nuisances sonores sont souvent sous-estimées, mais elles peuvent être particulièrement perturbantes lorsqu'elles proviennent :
– des systèmes de chauffage (chaudières, radiateurs), parfois de climatisation ;
– des équipements sanitaires (douches, lavabos) ;
– des basses fréquences des musiques amplifiées.

4) Les bruits d'écoulement :
Ces bruits sont dus à la circulation des fluides dans les canalisations d'eau et d'évacuation, surtout pendant la nuit.
Bien entendu, cette liste est loin d'être exhaustive, mais elle met en lumière les bruits les plus communs qui peuvent être plus ou moins supportables selon que l'on vit dans une maison individuelle ou en appartement.

Autrement dit, la gêne sonore peut grandement varier en fonction du type d'habitat :

1) En maison individuelle

L'intimité acoustique est souvent meilleure, surtout si l'on évite les « murs mitoyens ». Ces murs, qui séparent deux propriétés, peuvent poser problème s'ils ne sont pas correctement isolés. Contrairement aux maisons jumelées qui impliquent qu'elles ont été construites côte à côte sans mur commun, le mur mitoyen est quant à lui partagé par deux propriétaires. Il s'agit d'une frontière entre deux foyers. Sa position est donc cruciale : s'il ne concerne qu'une pièce (mur mitoyen du fond), la gêne peut être tolérable. Mais si ce mur s'étend sur l'intégralité de la façade (mur mitoyen du milieu), une isolation phonique soignée est impérative pour préserver l'intimité et éviter d'entendre chaque conversation ou mouvement du voisin.

En tout cas, pensez toujours à vérifier le ou les locaux (pièce, cage d'escalier) qui se trouvent derrière le mur mitoyen avant de signer le contrat d'achat ou de location !

2) En appartement

La promiscuité des logements augmente le risque de nuisances sonores.
Voici donc quelques conseils pour minimiser ces désagréments :

– Évitez les rez-de-chaussée : outre les bruits intérieurs, vous subirez ceux venant de l'extérieur, tels que la circulation routière ou les conversations des passants juste sous vos fenêtres.

De plus, en milieu urbain, les rez-de-chaussée abritent habituellement des commerces, dont les horaires et les activités peuvent perturber votre quotidien. Prenez le temps de consulter leurs horaires d'ouverture et de fermeture sur la vitrine, d'autant que ceux-ci sont parfois variables selon les saisons.

– Optez, si possible, pour un appartement situé en fond de couloir, sans voisin mitoyen, ou pour un pavillon isolé au bout d'une impasse. L'idée est simple : réduire le nombre de voisins pour diminuer les risques d'agressions sonores. Logiquement, moins vous avez de voisins, moins vous êtes exposé aux bruits indésirables. Mais ce type de logement n'est pas facile à dénicher surtout dans les grandes villes.

– Privilégiez les derniers étages, surtout si vous sursautez facilement : non seulement vous éviterez les bruits d'impact au-dessus de votre tête, mais vous bénéficierez également d'une vue dégagée. Toutefois, le calme des hauteurs justifie souvent les loyers plus élevés des appartements situés au dernier étage.

– Soyez vigilants quand vous optez pour un grand balcon ou une belle terrasse mitoyenne. Vous vous imaginez déjà en train de préparer un bon barbecue, de dîner avec quelques amis et les ambiancer en fin de soirée. Rassurez-vous, votre voisin de balcon, ou de terrasse, aura eu la même idée ! Résultat, vous vous retrouverez avec des fiestas à supporter tous les week-ends ou une cacophonie due à vos fêtes concurrentes. L'équation « petit balcon = petits ennuis » se vérifie.

– Faites également attention aux cours, bassins et jardins intérieurs : un appartement donnant sur une cour peut sembler plus calme, mais prenez garde aux nuisances estivales causées par les barbecues, les jeux d'enfants, ou les apéros qui s'éternisent tard dans la nuit. Certains voisins vont même jusqu'à privatiser la cour intérieure pour en faire leur salon ou leur cuisine d'été.

– Jetez un coup d'œil au règlement de copropriété (si vous optez pour un logement en copropriété) et consultez la section dédiée aux nuisances sonores pour connaître les restrictions et horaires d'utilisation des espaces communs.

Quelques conseils pratiques pour visiter un logement

Lorsque vous visitez un logement, plusieurs méthodes peuvent vous aider à évaluer le niveau de bruit et l'efficacité de l'isolation phonique :

1) <u>Par une écoute attentive :</u> fermez toutes les fenêtres, demandez le silence et écoutez soigneusement pour évaluer la protection offerte contre les bruits extérieurs.

2) <u>Par simple observation visuelle :</u> examinez l'état des fenêtres, des murs, des plafonds et des canalisations. Les joints des fenêtres sont-ils en bon état ? Le logement est-il équipé d'un faux plafond pour atténuer

les bruits ? Le revêtement du sol est-il approprié pour absorber les sons ?

Parquet, moquette, lino ou carrelage ? Nombreux sont les contentieux concernant un parquet mal posé que l'on est obligé par la suite de recouvrir de tapis épais.

3) <u>Par de petits tests :</u> taper sur les cloisons pour évaluer leur épaisseur et leur potentiel résonnant. Examinez les portes, fenêtres, et équipements pour vérifier s'ils contribuent à la propagation du bruit.

Lâchez un objet léger (comme une bille) et écoutez comment le bruit s'entend : un bruit clair et résonnant est signe d'une mauvaise isolation, alors qu'un bruit amorti indique une bonne isolation.

Faites fonctionner les équipements domestiques si le logement est meublé ou semi-meublé, tout comme les équipements collectifs de la résidence (ascenseur, portail, porte du local poubelle, local technique pour les piscines et chauffages collectifs), car votre logement peut être adossé à l'un d'entre eux.

4) <u>Par des questions à l'agent immobilier</u> lors de votre visite : interrogez-le sur la date de construction du bâtiment, les matériaux utilisés, et les éventuelles plaintes des

anciens locataires concernant les nuisances sonores. Toutefois, restez vigilant face aux réponses vagues du type : « Pas plus que d'habitude ! », qui pourraient masquer la réalité. Je vous déconseille de demander l'avis du locataire précédent en raison d'une mauvaise expérience. En effet, ce dernier, pas toujours objectif, peut mentir pour faciliter son départ rapide de l'appartement.

5) <u>En discutant avec les voisins et/ou le gardien :</u> un voisin croisé dans l'ascenseur ou le gardien de l'immeuble peuvent être de précieuses sources d'informations sur l'ambiance sonore de la résidence.

<u>Une question qui revient fréquemment : le bruit peut-il être considéré comme un vice caché ?</u>

Bien que les cas soient rares et dépendent des circonstances spécifiques, le bruit peut effectivement être reconnu comme un vice caché. Pour ce faire, la victime doit démontrer que les critères suivants sont réunis :

- Le bruit doit être important et rendre le bien impropre à sa destination : il doit s'agir d'un bruit qui rend le logement inhabitable ou qui en diminue considérablement l'usage.

- Le bruit doit être caché : le vendeur doit avoir connaissance du problème et ne pas en avoir informé l'acheteur. Si le bruit est évident lors de la visite, il ne peut être considéré comme caché.
- Le bruit doit être antérieur à la vente : ce problème doit exister au moment de la vente et ne pas être dû à un événement survenu après votre emménagement.

Attention aux équipements domestiques

Certains équipements domestiques, tels que les surpresseurs, climatiseurs, ou pompes à chaleur pour ne citer que les principaux, peuvent générer des nuisances sonores significatives. Au cours de la visite d'un logement, ces appareils ne sont pas forcément en fonctionnement, ce qui rend leur évaluation difficile. En effet, un climatiseur est surtout allumé en été lors de fortes chaleurs. Toutefois, vous pouvez les repérer visuellement, car d'ordinaire, ils sont installés en façade extérieure. Selon l'article R. 421-17 du Code de l'urbanisme, leur installation nécessite la plupart du temps une déclaration préalable en mairie et l'accord de l'assemblée générale des copropriétaires si votre logement relève d'une copropriété. Observez bien leur orientation, surtout s'ils sont à proximité de votre future chambre.

Le site de l'Association Française pour les Pompes À Chaleur ou AFPAC (afpac.org) présente une synthèse de 10 recommandations pour une utilisation respectueuse de la tranquillité acoustique, accompagnée de fiches d'informations. La fiche n° 2 fournit tous les détails en matière de montage d'un socle d'inertie et de plots antivibratiles. Quant à la fiche n° 3, elle donne à l'installateur et l'utilisateur toutes les informations pour une étude du risque de nuisance acoustique en fonction de la documentation du fabricant.

<u>Améliorer son confort acoustique</u>

Si vous identifiez des sources de bruit dans votre logement, plusieurs solutions s'offrent à vous pour améliorer l'isolation phonique. Chacune d'elles comporte des avantages et des inconvénients. Pour une évaluation plus précise de vos besoins et des solutions adaptées, il peut être intéressant de faire appel à un acousticien (cf. *Contacts utiles* à la fin du guide). Mais tout dépendra de votre budget et de vos priorités, étant précisé que les travaux peuvent être réalisés en plusieurs temps. Le premier objectif sera de renforcer l'isolation vers le voisin le plus bruyant.

Tout peut commencer par <u>un simple aménagement de son espace intérieur :</u>

- **Mobilier :** utilisez des meubles rembourrés pour absorber les sons. Posez des feutres ou embouts de caoutchouc sous les pieds des meubles que vous déplacez souvent.
- **Bibliothèques :** installez des bibliothèques le long des murs pour réduire la réverbération du son.
- **Rideaux épais :** accrochez des rideaux épais pour minimiser les bruits extérieurs.
- **Portes** : ajoutez des bourrelets sur les portes pour améliorer l'étanchéité.
- **Seuils :** vérifiez l'état du seuil et remplacez-le si nécessaire.
- **Sols :** posez sur le plancher un revêtement de sol textile de type moquette ou tapis.
- **Robots ménagers :** intercalez un torchon plié entre l'appareil et le plan de travail pour atténuer les vibrations transmises à travers les parois.
- **Lave-linge et lave-vaisselle :** attention aux vibrations transmises par les pieds

de ces appareils et notamment les lave-linge. Laissez un espace entre le mur et la machine. Posez-les sur des plots antivibratiles ou des coussinets de caoutchouc souple. Toutefois, l'écrasement sous charge du plot devra être compatible avec le poids supporté.

- **Ventilation** : une ventilation adéquate est importante pour éviter l'humidité pouvant endommager les canalisations.
- **Plantes d'intérieur** : Elles peuvent également contribuer à réduire le niveau sonore dans votre maison. Plus il y a de plantes, plus l'effet est notable.

Décoration extérieure :

- **Jardins verticaux et haies denses :** en plus d'apporter une touche de verdure à votre espace, ces végétations naturelles agissent comme des barrières sonores légères absorbant une partie des bruits extérieurs. Il existe aussi des murs antibruit végétalisés pour les particuliers et les tout petits jardins.

- **Fontaines :** le doux murmure de l'eau qui coule peut masquer efficacement les bruits indésirables, créant une ambiance zen chez vous.

Aides financières pour la rénovation acoustique

Si vous envisagez des travaux d'isolation, des aides financières peuvent vous être accordées pour la rénovation de votre logement. En améliorant le confort de celui-ci, vous optimisez son isolation phonique. L'Agence nationale de l'habitat (Anah) accorde des subventions sous certaines conditions de ressources aux propriétaires occupants ou aux bailleurs. De plus, des déductions fiscales (TVA réduite) et des aides des collectivités locales peuvent compléter ce dispositif. Renseignez-vous auprès de votre mairie ou de votre communauté de communes. Le service France Rénov' (https://france-renov.gouv.fr/) peut vous aider à trouver des aides adaptées à vos besoins, par exemple, pour remplacer vos portes et fenêtres.

Pour les travaux d'acoustique, le Centre d'information sur le bruit (CidB) propose aux particuliers une permanence d'information en acoustique du bâtiment, au cours de laquelle des experts-acousticiens apportent gratuitement des conseils neutres et personnalisés sur toutes les questions techniques relatives à l'acoustique dans l'habitat. Un formulaire de contact est à remplir sur le site bruit.fr rubrique « Particuliers », puis « Se renseigner », choisir « Permanence gratuite de conseil aux particuliers en acoustique des logements » (cf. *Contacts utiles* à la fin du guide).

CONSEIL N° 3 :

Privilégier la voie amiable pour le règlement du litige

ॐ

La justice est souvent lente et coûteuse, ce n'est un secret pour personne. Si vous souhaitez saisir un tribunal civil ou pénal, il est certain que vous allez vous engager dans une longue bataille semée d'embûches. Or, la pollution sonore entraîne rapidement la dégradation de votre espace de vie, de votre bien-être et surtout de votre état de santé. Comme je l'ai déjà évoqué précédemment, le bruit est à l'origine de nombreux troubles médicaux répertoriés dans l'enquête IFOP « Les décibels de la discorde » du 8 mars 2022 : perte de concentration, irritabilité, fatigue, nervosité, agressivité, troubles du sommeil, acouphènes, troubles cardio-vasculaires, hypertension, maux de tête, souffrance psychologique. Il est donc crucial de ne pas laisser la situation s'envenimer. Vous devez agir, mais comment ?

1) Commencez par le dialogue

La première étape est d'engager une conversation directe avec votre voisin. Il est préférable de le faire en personne plutôt que par téléphone ou par courrier. Le face-à-face permet généralement de désamorcer les tensions. Si vous êtes timide ou que vous craignez de perdre votre sang-froid ou d'affronter un voisin très agressif, n'hésitez pas à vous faire accompagner par un ami. Avoir un témoin à vos côtés peut non seulement vous apporter un soutien moral, mais aussi vous aider à maintenir un climat de calme et de respect.

2) Passez à l'écrit si nécessaire

Si le dialogue direct échoue, il est temps de formaliser votre démarche par écrit. Le site bruit.fr propose des modèles de lettres susceptibles de vous guider. Envoyez d'abord un courrier amiable où vous exposez clairement le problème, sans exagération. Suggérez une solution et invitez votre voisin à constater lui-même les nuisances sonores que vous subissez. Cette approche peut parfois suffire à résoudre le conflit.

3) Envoyez une mise en demeure

Si votre voisin ne réagit toujours pas, il est temps de passer à l'étape de **la mise en demeure**. Celle-ci doit être envoyée en lettre recommandée avec accusé de réception, mais aussi en lettre suivie, pour pallier le risque que votre voisin ne récupère pas le pli recommandé à la Poste. Dans ces lettres identiques sur lesquelles vous reporterez le numéro de suivi, rappelez le contexte, décrivez exactement les nuisances et faites référence à la réglementation en vigueur. En plus d'invoquer les dispositions de l'article R. 1336-5 du Code de la santé publique ou du nouvel article 1253 du Code civil, vous pouvez vous appuyer sur les arrêtés préfectoraux et municipaux en vigueur dans votre département ou votre commune. Le site de l'Association Anti-bruit de Voisinage (AAbV) répertorie, dans son fonds documentaire, près d'une centaine d'arrêtés pris par les préfets de départements français relatifs à la lutte contre les bruits de voisinage.

Mais surtout : mettez le bruiteur en demeure de cesser ses nuisances sonores dans les meilleurs délais. Cette mention doit figurer explicitement dans vos correspondances : « mise en demeure » ou « je vous mets en demeure de… ». N'oubliez pas que cette mise en demeure peut être utilisée dans le cadre d'une future action judiciaire, donc pesez judicieusement vos mots en évitant toutes les insultes qui vous viendraient à l'esprit. Enfin, soyez préparé à une réaction défensive de sa part. Les courriers recommandés provoquent certaines tensions chez les destinataires.

Si vous avez des difficultés de rédaction, vous pouvez utiliser les modèles téléchargeables sur le site bruit.fr tout en les adaptant à votre situation. En outre, l'intelligence artificielle (Chatgpt, Gemini…) peut se révéler un précieux assistant en matière de rédaction.

4) Recourez à un conciliateur de justice

Si le conflit persiste, l'étape suivante consiste à faire appel à un conciliateur de justice. Ce dernier, neutre et gratuit, est là pour tenter de trouver un accord amiable entre les parties, sans trancher juridiquement le litige. Il procède avec impartialité, respect du contradictoire, équité et confidentialité.

L'article 750-1 du Code de procédure civile impose de tenter une conciliation, une médiation ou une procédure participative avant de saisir le tribunal. En cas de non-respect de cette étape, votre dossier pourrait être rejeté par le juge, sauf motif légitime dûment justifié.

Pour contacter un conciliateur, vous pouvez vous adresser à votre mairie (à Paris, c'est la mairie d'arrondissement) ou consulter le site conciliateurs.fr qui propose une carte des permanences par département et un guide pratique de la conciliation téléchargeable. Vous pouvez choisir le conciliateur que vous souhaitez. Cependant, il est recommandé de privilégier un conciliateur proche de votre domicile, car il pourrait être amené à se déplacer pour constater les nuisances sonores sur place.

Une fois le rendez-vous fixé dans un délai général d'un mois (attention aux vacances scolaires), préparez soigneusement votre dossier. N'allez pas à la réunion de conciliation les mains dans les poches. Rassemblez toutes les preuves et documents pertinents en incluant un plan des lieux, des témoignages, et toute autre preuve de nature à étayer votre demande. Préparez un exemplaire à laisser au conciliateur si besoin, répétez votre argumentation et anticipez les réponses de votre adversaire. Soyez prêt à discuter des différentes solutions potentielles et des compromis. Posez-vous la question essentielle : qu'êtes-vous prêt à accepter pour retrouver votre tranquillité ?

Si la conciliation aboutit, un procès-verbal de conciliation ou un constat d'accord, même partiel, sera rédigé et signé par toutes les parties, y compris par le conciliateur de justice. Sans retracer l'historique et les motivations des parties, ce document énumère les engagements précis de chacun, ainsi que les moyens de contrôle *a posteriori*. N'oubliez pas d'inclure ce dernier point, de relire le document en demandant des précisions rédactionnelles avant de signer. Par exemple, dans un litige concernant une pompe à chaleur, si vous parvenez à un accord pour la déplacer, vous devez mentionner une vérification après travaux des nuisances sonores. Un exemplaire original du document signé par les parties et le conciliateur vous sera remis. Ce document pourra être homologué par un juge pour lui donner force exécutoire. En cas d'échec de la conciliation, ou si votre voisin refuse de se présenter, un procès-verbal de non-conciliation sera établi. Ce document pourra être utilisé si vous décidez de porter l'affaire plus tard devant un tribunal.

5) Pensez à la médiation

La médiation civile et la conciliation suivent une logique similaire, mais la première est payante et porte généralement sur des litiges plus complexes. Le médiateur, choisi par les parties, n'interviendra qu'après signature d'une convention de médiation et versement d'une provision pour ses frais.

La médiation pénale est ordonnée par le procureur de la République pour des infractions de faible gravité comme le tapage nocturne. C'est une procédure gratuite alternative aux poursuites pénales classiques. Elle permet à l'auteur d'une infraction et à sa victime de se rencontrer, avec l'aide d'un médiateur neutre, pour trouver une solution amiable à un conflit. Si les parties parviennent à un accord, celui-ci est formalisé dans une convention de médiation et les poursuites pénales peuvent être abandonnées après indemnisation de la victime.

Mais en attendant d'arriver à une résolution complète du litige, comment survivre ?

Protéger votre santé reste prioritaire. Voici quelques astuces pour atténuer les nuisances sonores :

1) <u>Changez de pièce :</u> si le bruit vous empêche de dormir, essayez de dormir dans une autre pièce, plus éloignée de la source de bruit. N'hésitez pas à changer de lieu en allant respirer et vous reposer de temps en temps chez un parent ou un ami à la campagne pendant le week-end. Au moins, vous dormirez.

2) <u>Utilisez des boules Quies ou des casques antibruit</u> qui peuvent atténuer les sons, mais ils ne sont pas toujours efficaces.

Achetez-vous un générateur de bruits blancs, très facile à se procurer sur une plateforme bien connue. Il existe également des applications mobiles comme « White Noise » qui diffuse une grande variété de bruits blancs (bruits de la pluie, de la mer, du vent, d'un ventilateur, etc.). Ces générateurs produisent un son continu composé de toutes les fréquences audibles par l'oreille humaine, et ce, à une intensité égale. Le but consiste à masquer les bruits indésirables et à créer un environnement sonore plus uniforme au sein de son logement. Pour en avoir utilisé un pendant plusieurs mois, j'ai rapidement constaté une amélioration de mon sommeil avec un effet relaxant.

3) <u>Écoutez de la musique douce ou une émission de radio pour s'endormir</u> : si les écouteurs sont inconfortables, optez pour un fond sonore apaisant dans la pièce. Mais pas trop fort…

4) <u>Maintenez un fond sonore</u> : une radio diffusant de la musique peut suffire à couvrir les bruits perturbants. Certains petits malins jouent parfois du hard rock, du rap ou de la musique militaire pour énerver leurs voisins.

5) <u>Recourez à des solutions malodorantes :</u> si le bruit provient de personnes dans les parties communes <u>fermées</u>, un spray de type « LiquidASS », que l'on peut se procurer facilement, dégage une odeur très désagréable et peut dissuader les intrus.

6) <u>Essayez des médecines douces</u> telles que la sophrologie, la méditation ou l'aromathérapie pour vous apaiser. Elles proposent des techniques de relaxation et de visualisation qui permettent de mieux gérer le stress lié aux nuisances sonores. De plus, avec une bonne mutuelle, certaines séances peuvent vous être remboursées.

Si, malgré toutes ces démarches, la situation ne s'améliore pas, il est peut-être temps d'envisager une action en justice. Assurez-vous d'avoir un solide dossier pour maximiser vos chances de succès.

<u>CONSEIL Nº 4 :</u>

Bien préparer son dossier pour le procès

ଚୈ❧ଓ

La conciliation a échoué, les voisins bruyants n'en font qu'à leur tête et persistent à ignorer vos plaintes, vous êtes au bout du rouleau. Vous voilà face à un choix difficile : déménager (un crève-cœur si vous êtes propriétaire) avec le risque de trouver pire ailleurs ou entamer une procédure judiciaire. Si vous optez pour la bataille légale, voici comment vous préparer.

1) Définir le caractère anormal du trouble de voisinage

Tout d'abord, il est primordial de comprendre ce qui constitue un trouble de voisinage anormal. Dans ce guide, nous nous concentrons sur les bruits de comportement, c'est-à-dire les nuisances sonores générées par des actions individuelles. Comme indiqué en introduction, les bruits liés à des activités professionnelles ou de loisirs ne seront pas abordés ici, dès lors qu'ils mériteraient une attention particulière dans un guide spécialisé.

Il est impossible d'établir une liste complète des bruits de comportements, même si la circulaire du 27 février 1996, relative à la lutte contre les bruits de voisinage, les a définis comme « des bruits inutiles, désinvoltes ou agressifs » susceptibles de troubler la tranquillité publique. Ces comportements fautifs recouvrent les chants, les cris, les éclats de rire, les conversations bruyantes, les aboiements d'animaux dont le bruiteur a la garde, la musique d'appareils de diffusion ou des instruments de musique, le vrombissement d'outils de bricolage, les claquements matinaux de volets, le bourdonnement de pompes à chaleur, etc.

Les frontières entre bruit de comportement et bruit d'activité professionnelle peuvent être floues. La jurisprudence est souvent appelée à clarifier ces distinctions. Par exemple, les bruits provenant des clients d'un restaurant sont considérés comme des bruits de comportement et non comme des bruits professionnels (Cour de cassation, chambre criminelle, 8 mars 2016, nᵒ 15-83.503).

Cependant, l'essentiel reste de démontrer que le trouble de voisinage en matière de pollution sonore que vous subissez est **anormal**. Pour cela, la preuve d'une faute de votre voisin n'est pas nécessaire. Il suffit de se référer à l'article R. 1336-5 du Code de la santé publique : « Aucun bruit particulier ne doit, par **sa durée, sa répétition ou son intensité,** porter atteinte à la tranquillité du voisinage ou à la santé de l'homme, dans un lieu public ou privé, qu'une personne en soit elle-même à l'origine ou que ce soit par l'intermédiaire d'une personne, d'une chose dont elle a la garde ou d'un animal placé sous sa responsabilité. »

Comme évoqué précédemment, trois critères permettent de caractériser le trouble anormal : la durée, la répétition OU l'intensité du bruit. Ces critères sont alternatifs, c'est-à-dire que la présence d'un seul d'entre eux suffit à établir le caractère anormal du trouble. Le juge prendra également en compte le contexte : par exemple, le chant matinal d'un coq en zone rurale pourrait être toléré, mais en milieu urbain, il pourrait être jugé inacceptable.

Néanmoins, la question qui se pose alors est : comment prouver l'un de ces critères ? La réponse réside dans la collecte minutieuse de preuves.

2) Réunir les preuves déterminantes pour la résolution du litige

Dans ce type de contentieux, la preuve peut être rapportée <u>par tous moyens</u>. Ce qui implique que les parties ne sont pas limitées à une forme particulière de preuve, sauf dans certains cas prévus par la loi. C'est un principe qui favorise la souplesse dans la recherche de la vérité judiciaire. La collecte de preuves doit commencer dès votre installation. Par exemple, enregistrez l'ambiance sonore des lieux à votre arrivée pour démontrer qu'aucun trouble n'existait initialement.

En tout cas, il est un principe général à ne jamais oublier et qui fait régulièrement grincer des dents : en matière de nuisances sonores, *la charge de la preuve incombe à la victime,* et non au fauteur de troubles. Petit bonus : pensez également à réunir les preuves portant sur le **préjudice** que vous cause ce trouble anormal de voisinage.

Voici une liste non exhaustive des preuves à recueillir :

a) Un tableau de suivi des nuisances sonores que vous subissez, élaboré sur un tableur ou un logiciel de traitement de texte :

répertoriez-y la date des nuisances, leur nature exacte, leur intensité, l'heure de début et de fin. Même s'il s'agit d'une preuve autoconstituée, la Cour de cassation a reconnu son admissibilité (Cour de cassation, deuxième chambre civile, 6 mars 2014, n° 13-14.295) en considérant que le principe selon lequel « nul ne peut se constituer de preuve à soi-même » n'est pas applicable à la preuve d'un fait juridique.

Conclusion : votre tableau récapitulatif des nuisances sonores, bien utile pour prouver un fait juridique, est admissible. Il sera confronté aux autres preuves que vous verserez aux débats.

b) Des écrits : courriers électroniques, SMS, messages WhatsApp, courriers recommandés adressés au fauteur de troubles et surtout la fameuse mise en demeure déjà évoquée. Le juge retoquera un dossier dans lequel votre adversaire n'a jamais été clairement informé de ce que vous lui reprochez.

c) Des attestations de témoins : vous pouvez faire témoigner vos parents, vos amis, vos collègues de travail, le gardien d'immeuble, le facteur, toute personne qui a pu constater sur place les nuisances sonores que vous subissez. Pour cela, votre témoin doit établir une attestation **manuscrite** conforme aux prescriptions de l'article 202 du Code de procédure civile. En tapant sur un moteur de recherche : « modèle d'attestation de témoin », vous trouverez un formulaire CERFA n° 11527*03 à compléter et auquel vous pourrez joindre la copie de la pièce d'identité de votre témoin.

J'attire votre attention sur la nécessité d'encourager ce dernier à relater <u>avec précision les faits auxquels il a assisté</u>. Il ne suffit pas d'écrire : « *J'ai entendu ce jour-là des bruits très forts provenant de chez le voisin* ». Il lui faudra détailler : la date, la nature exacte, l'heure, la durée, l'intensité, la répétition des bruits qu'il aura <u>personnellement</u> entendus. Évitez les ouï-dire ou les propos rapportés par un tiers. Le plus efficace est de collecter les attestations de plusieurs témoins sur une période étalée dans le temps. N'oubliez pas d'inciter votre témoin à écrire à la main et lisiblement.

d) Les mains courantes et les plaintes déposées auprès des services de police et de gendarmerie, étant précisé que vous pouvez porter plainte dans n'importe quel commissariat ou n'importe quelle gendarmerie de France, **quel que soit le lieu où l'infraction a été commise.**

C'est ce qu'on appelle le principe du « **guichet unique** ». Cette mesure a été mise en place pour faciliter les démarches des victimes et leur permettre de déposer plainte rapidement, sans avoir à se rendre nécessairement dans le commissariat le plus proche du lieu de l'infraction.

En théorie, aucun policier ne peut refuser de prendre la plainte d'une victime. En effet, l'article 15-3, alinéa 1er, du Code de procédure pénale dispose que « *Les officiers et agents de police judiciaire* sont tenus de recevoir les plaintes déposées par les victimes *d'infractions à la loi pénale, y compris lorsque ces plaintes sont déposées dans un service, ou une unité de police judiciaire, territorialement incompétents. Dans ce cas, la plainte est, s'il y a lieu, transmise au service, ou à l'unité, territorialement compétents.* » C'est donc une obligation légale qui est imposée aux forces de police et de gendarmerie, lesquelles sont alors obligées d'enregistrer la plainte de la victime qui s'adresse à elles. Mais la réalité est parfois différente.

Si votre dépôt de plainte est refusé et que vous estimez que ce refus n'est pas justifié, vous pouvez envisager les recours suivants :

- saisir le procureur de la République dont dépend le commissariat ou la brigade de gendarmerie qui aurait refusé de prendre votre plainte ou encore le procureur général de la cour d'appel dont relèvent les commissariats et brigades.

- saisir le Défenseur des droits : cet organisme peut être saisi si vous estimez que vos droits et libertés ont été violés par l'administration. Le Défenseur des droits peut ainsi demander des informations aux administrations, aux personnes privées, aux ministres et effectuer toutes vérifications dans les locaux concernés.

Quand vous déposez une main courante ou une plainte qui est enregistrée, ayez le réflexe de la relire et surtout <u>d'en demander une copie</u>. En effet, vous devez insister pour que la mention « nuisances sonores » y figure et non, une allusion très vague à des « bruits de voisinage ».

Gardez bien à l'esprit que votre bruiteur peut être condamné à une amende prévue à l'article L. 1337-7 du Code de la santé publique dont le montant sera multiplié par autant de fois que vous avez déposé plainte quand il s'agit d'une infraction instantanée.

Depuis le 1ᵉʳ octobre 2023, cette amende est passée de 68 euros (contravention de 3ᵉ classe) à 135 euros (contravention de 4ᵉ classe) par infraction.

Une petite parenthèse sur le tapage nocturne qui constitue une infraction pénale sanctionnée par l'article R. 623-2 du Code pénal. Question fréquente : alors, la nuit, c'est quand ?… me direz-vous.
Réponse : quand la nuit tombe tout simplement. Et si elle tombe à 18 h, le tapage qui se produit à cette heure-là devient nocturne.

e) Les procès-verbaux dressés par les services de police et de gendarmerie s'ils se sont déplacés… Avec la police municipale, vous pouvez avoir plus de chance.

f) Les constats des commissaires de justice (anciennement dénommés « huissiers de justice ») et les rapports de détective privé.

g) Les enregistrements audio et/ou vidéo horodatés.

Normalement, ces enregistrements doivent être obtenus de manière loyale. En effet, l'utilisation de preuves obtenues de façon déloyale (par exemple, filmer un voisin à son insu chez lui) était autrefois exclue par les tribunaux civils. Cependant, depuis un arrêt de décembre 2023 (Assemblée plénière, 22 décembre 2023, n° 20-20.648), la Cour de cassation admet la recevabilité d'une preuve obtenue de manière déloyale, selon les conditions suivantes :

La preuve doit être indispensable : elle doit être le seul moyen de prouver un fait essentiel au litige.

La production de la preuve doit être proportionnée au but poursuivi : les moyens utilisés pour obtenir la preuve ne doivent pas être disproportionnés par rapport à l'intérêt en jeu.

En matière pénale, ce type de preuve était déjà admis. Selon l'article 427 du Code de procédure pénale, « hors les cas où la loi en dispose autrement, les infractions peuvent être établies par tout mode de preuve et le juge décide d'après son intime conviction ».

h) Les certificats médicaux : ils sont susceptibles d'être utilisés dans le cadre d'une instance judiciaire de sorte qu'ils doivent être rédigés avec précision et rigueur. Contrairement à un témoignage direct, le médecin qui établit un certificat médical n'a pas nécessairement été présent pour constater les faits racontés par le patient. Cette absence de constatation directe impose des contraintes quant à la fiabilité et la valeur probante du document. Le certificat médical doit donc clairement indiquer que son contenu est basé sur les déclarations du patient et les examens médicaux réalisés, sans avoir été témoin des événements ou des comportements décrits. Les tribunaux français exigent que ces certificats soient corroborés par d'autres types de preuves.

Cette approche multipreuves permet de construire un dossier bien ficelé et cohérent, facilitant ainsi la prise de décision du juge.

3) Le cas particulier des expertises

Pour les bruits de comportement, la constatation du bruit peut s'effectuer à l'oreille, sans avoir recours à un sonomètre qui est un petit instrument de mesure de l'intensité des bruits en décibels.

Cependant, dans des contentieux complexes, comme ceux impliquant des appareils bruyants : surpresseur, climatiseur, pompes à chaleur, une expertise acoustique peut être indispensable. Par exemple, les bruits de pompes à chaleur peuvent être causés par le compresseur, le ventilateur, ou des vibrations amplifiées par l'environnement. Dans ces cas, un rapport d'expertise acoustique est souvent décisif pour le juge. Ce dernier pourra évaluer si les troubles sonores dépassent les seuils légaux ou sont simplement intolérables. L'expertise pourra aussi identifier la cause du bruit, qu'il s'agisse d'un défaut de l'appareil ou d'une mauvaise installation.

Cependant, deux types d'expertise sont possibles : l'expertise amiable ou l'expertise judiciaire.

L'expertise amiable est une démarche volontaire, généralement initiée par l'une des parties en conflit, où un expert indépendant est sollicité pour évaluer la situation. L'expertise judiciaire est ordonnée par un juge dans le cadre d'une procédure judiciaire. Un expert est alors désigné par le tribunal pour mener une investigation approfondie sur les faits en cause. L'avantage d'une expertise amiable est sa rapidité, sa souplesse, son coût et sa confidentialité. L'inconvénient est qu'elle peut être contestée devant les tribunaux par votre adversaire qui sollicitera alors une expertise judiciaire.

Le juge n'est pas obligé d'y faire droit si les résultats de votre expertise amiable sont corroborés par d'autres éléments probants. La Cour de cassation a donné une réponse claire sur ce point depuis l'arrêt apériteur rendu par sa chambre mixte le 28 septembre 2012 : le juge ne peut se fonder exclusivement sur une expertise non judiciaire réalisée à la demande de l'une des parties. Lorsque l'expertise est amiable, le rapport d'expertise doit être nécessairement conforté par un autre élément.

Si vos voisins bruyants ne sont pas complètement réfractaires à toute discussion, une expertise acoustique amiable peut être envisagée. À défaut, ne perdez pas de temps, sollicitez une expertise judiciaire auprès du juge des référés du tribunal judiciaire en prenant l'attache de votre protection juridique ou d'un avocat.

4) Les délais

Les délais judiciaires varient selon la nature de l'affaire, la juridiction saisie, et la complexité du dossier. Un procès civil ou pénal ? Il n'y a pas de bonne ou mauvaise option. Vous pouvez même engager les deux types de procédures en parallèle.

Plus l'affaire est complexe, plus elle sera longue à instruire. Si une expertise est ordonnée, les délais peuvent s'étendre sur plusieurs mois, voire plus d'un an entre l'ordonnance du juge et la remise du rapport final. Autre difficulté : les sanctions pénales, souvent limitées à une amende et à la confiscation du bien, sont relativement peu dissuasives. En revanche, les procédures civiles permettent d'obtenir des dommages et intérêts plus substantiels, mais elles impliquent des délais plus longs et des coûts plus élevés.

Face à des délais judiciaires qui peuvent sembler interminables, le recours au référé est une option à envisager, surtout en cas de nuisances sonores. Il s'agit d'une procédure d'urgence qui permet de demander au juge des mesures provisoires, dans un délai très court, pour mettre fin à une situation préjudiciable. Pour que cette procédure réussisse, il est essentiel de présenter un dossier convaincant, démontrant l'existence d'un trouble <u>manifestement</u> illicite.

N'oubliez pas que le juge des référés est le juge de l'évidence. À la lecture de votre dossier, il doit être convaincu du bien-fondé des faits allégués. Si les preuves matérielles sont solides, il peut ordonner la cessation immédiate des nuisances ou d'autres mesures provisoires, sans attendre la fin du procès sur le fond. Mais entre nous, ce genre de décision n'est pas si fréquente.

<u>5) La prescription extinctive</u>

La prescription est une notion simple et en même temps, complexe à comprendre pour un non-juriste. Je vais essayer de la présenter sommairement, étant observé qu'elle est essentielle pour l'introduction d'une action judiciaire. C'est la première chose que vérifiera votre adversaire. Si l'action est prescrite, vous n'aurez plus que vos yeux pour pleurer et votre voisin bruyant pourra se lancer dans une danse de la joie avec la musique à donf.

La prescription « extinctive » est un mécanisme juridique qui, en fonction du contexte, permet d'éteindre un droit qui n'a pas été exercé. Elle est souvent considérée comme un moyen de défense radical, qui met fin au litige avant même qu'il ne soit examiné. Elle s'applique aussi bien en matière civile qu'en matière pénale. En matière pénale, elle fixe des délais au-delà desquels les poursuites sont impossibles.

a) En matière civile : la prescription pour une action en responsabilité pour trouble anormal de voisinage est de **cinq ans** (Cour de cassation, deuxième chambre civile, 16 janvier 2020). Ce délai commence à courir à partir de la première manifestation du trouble.
En d'autres termes, il faut engager une action judiciaire dans les cinq ans à compter de la première manifestation du trouble sonore vous ayant causé un dommage ou son aggravation (Cour de cassation, deuxième chambre civile, 13 septembre 2018, n° 17-22.474 ; Cour de cassation, deuxième chambre civile, 7 mars 2019, n° 18-10.074).

Il appartient donc aux parties d'apporter par tous les moyens (encore une fois !) les éléments de preuve permettant de fixer la date de la première manifestation des nuisances sonores (courrier, courriel, photographies, vidéos horodatées, constat d'huissier…).

Une petite astuce : vous pouvez relancer le délai de prescription de cinq ans si vous démontrez que les nuisances sonores se sont aggravées. Évidemment, il faudra fixer le point de départ de cette aggravation… Par tous moyens !

b) En matière pénale : les infractions les plus courantes en matière de bruit sont le tapage nocturne (prescription contraventionnelle d'**un an**) et le délit d'agression sonore (prescription délictuelle de **six ans**) pour lequel il faut en outre démontrer <u>une intention de nuire</u> et la répétition de l'acte en cause. Ces délais commencent à courir à partir de la commission de l'infraction.

Sans vouloir rentrer dans des détails juridiques trop techniques, sachez qu'il existe plusieurs causes de suspension et d'interruption des délais de prescription.

En conclusion, face aux nuisances sonores, il est essentiel de bien se préparer en rassemblant des preuves déterminantes dès le départ, en anticipant les délais judiciaires et en choisissant la stratégie la plus adaptée à votre situation.

CONSEIL Nº 5 :

Cerner les différents intervenants dans un litige relatif aux bruits de voisinage

Nous avons déjà évoqué le rôle de plusieurs intervenants tels que l'acousticien, le conciliateur de justice, le médiateur, les forces de l'ordre, le juge des référés et l'expert acoustique. Je ne reviendrai pas en détail sur ces points. Cependant, d'autres acteurs peuvent jouer un rôle significatif, que ce soit en tant qu'adversaires ou alliés dans vos démarches.

<u>Le propriétaire ou bailleur d'un locataire bruyant</u> : si un propriétaire est informé des nuisances causées par son locataire et qu'il n'agit pas pour y mettre fin, il peut être tenu responsable. Il doit mettre en demeure son locataire de cesser les troubles sous peine de sanctions. En cas de persistance des nuisances, il peut entamer une procédure de résiliation du bail pour motif légitime. Le propriétaire bailleur peut être mis en cause à l'occasion de la procédure judiciaire contre son locataire bruyant.

Si vous êtes locataire, <u>votre propriétaire ou votre bailleur est également concerné,</u> car en vertu de l'article 6 b de la loi du 6 juillet 1989, tout locataire a droit à l'usage paisible du logement qu'il loue. Le bailleur doit veiller à ce que ce logement ne présente aucun vice ni défaut faisant obstacle à cette sérénité, sauf ceux éventuellement inscrits dans l'état des lieux d'entrée.

<u>Le syndic de copropriété</u> : dans un immeuble en copropriété, le syndic a le pouvoir d'intervenir pour rappeler et faire respecter le règlement de copropriété, notamment en matière de nuisances sonores. Son rôle est d'assurer le maintien du bon voisinage. Il n'a qu'une obligation de moyens, pas de résultat. Mais il peut être mis en cause en cas d'inertie à l'occasion de la procédure judiciaire contre un locataire bruyant. Par ailleurs, c'est souvent auprès de lui que vous obtiendrez les coordonnées du propriétaire de votre voisin bruyant, si ce dernier est locataire. Si le syndic refuse de vous les communiquer, vous pouvez tenter de les obtenir auprès du président du conseil syndical ou en dernier espoir, auprès du service de publicité foncière du lieu de situation du logement.

<u>Le gardien d'immeuble assermenté</u> : ce dernier peut jouer un rôle de médiateur en cas de conflits liés aux nuisances sonores. Il peut tenter de résoudre les différends par le dialogue et constater les nuisances pour en faire le rapport. Il peut rédiger des procès-verbaux de constatation qui seront transmis au procureur de la République. Toutefois,

contrairement à une idée reçue, il n'a pas le pouvoir de sanctionner directement le fauteur de troubles en lui infligeant une amende.

<u>Le bailleur social</u> : il est tenu de garantir la jouissance paisible du logement pour tous ses locataires. En cas de nuisances, il peut engager une médiation. Si celle-ci échoue, il a la possibilité de demander l'expulsion du locataire fautif, sans quoi sa responsabilité peut être engagée. Un arrêt de la Cour de cassation du 8 mars 2018 (deuxième chambre civile, n° 17-12.536) a d'ailleurs confirmé la responsabilité d'un bailleur social pour n'avoir pas pris les mesures nécessaires face aux plaintes d'un locataire concernant les troubles causés par un autre occupant.

<u>Le maire de la commune</u> : il joue un rôle essentiel, puisque c'est le premier interlocuteur vers qui les habitants se tournent en cas de conflits de voisinage liés au bruit.

Le maire dispose en effet :

- d'un pouvoir de police général tiré des articles 2212-1 et 2 du Code général des collectivités territoriales qui lui confère le droit de réprimer les atteintes à la tranquillité publique sur le territoire de sa commune ;

- d'un pouvoir de police spécial tiré de l'article L. 1311-2 du Code de la santé publique qui l'autorise à intervenir lorsque les bruits sont de nature à porter à la santé de l'homme.

Il appartient également au maire de veiller à la formation de ses agents municipaux de façon à ce qu'ils puissent réaliser des constats d'infraction sans et avec mesurage des nuisances sonores. Un guide sur les constats sans mesure a été édité par le Conseil National du Bruit (CNB) et est accessible sur le site du ministère de l'Écologie.
Même si le constat d'infraction se fait à l'oreille, il vous est fortement conseillé de réunir d'autres preuves de façon à pouvoir répondre aux questions des agents municipaux sur les démarches déjà accomplies avant de faire appel à leur service.

<u>Les associations de défense des riverains</u> : ces associations spécialisées offrent un soutien précieux. Elles peuvent fournir des conseils, un accompagnement juridique, et

parfois même une représentation collective, renforçant ainsi votre position face aux nuisances.

Concernant les bruits générés par des objets sous la garde d'une personne, il est possible de mettre en cause <u>la responsabilité du fabricant, du distributeur et, surtout de l'installateur</u> en cas de nuisances provenant d'appareils comme les climatiseurs, pompes à chaleur, ou tout autre équipement domestique bruyant.

<u>Le commissaire de justice :</u> ce dernier peut être sollicité pour dresser un constat. À Paris, un site spécialisé regroupe les huissiers capables d'intervenir de jour comme de nuit, garantissant une réponse rapide dans les deux heures ouvrées : https://www.crcjparis.com/.

<u>Les conseils départementaux d'accès au droit (CDAD), les maisons de justice et du droit (MJD) ou les points d'accès au droit (PAD)</u> ont pour missions principales :
- d'informer et orienter les citoyens en délivrant des informations claires et accessibles sur leurs droits et obligations, que ce soit pour des

questions juridiques simples ou plus complexes ;

- de faciliter l'accès à la justice en proposant des services d'aide juridique, comme la mise en relation des particuliers avec des avocats ou des juristes, afin de monter un dossier.

L'annuaire départemental des CDAD est disponible sur internet : https://lannuaire.service-public.fr/navigation/cdad

<u>Les assurances de protection juridique</u> : si vous avez souscrit une telle assurance <u>avant la naissance du litige,</u> elle peut vous conseiller et prendre en charge une partie des frais liés à la résolution du litige, souvent *via* votre contrat d'assurance – habitation ou automobile.

N'entreprenez aucune démarche payante sans avoir consulté votre contrat de protection juridique pour mieux appréhender l'étendue de vos garanties, puis contactez votre assurance.

<u>L'avocat :</u> lorsque le litige se complexifie ou qu'une procédure judiciaire est envisagée, il peut être nécessaire de faire appel à un avocat spécialisé en droit civil, de préférence en droit immobilier. Il peut

également intervenir à l'amiable, notamment dans le cadre d'une médiation ou d'une procédure participative, dans laquelle les parties s'engagent, avec l'aide de leurs avocats, à rechercher ensemble une solution amiable plutôt que de laisser le juge trancher. Pensez à signer une convention d'honoraires qui vous donnera une idée de ce que vous aurez à débourser.

<u>Le bureau d'aide juridictionnelle</u> : le bureau du tribunal judiciaire de votre domicile peut, sous conditions de ressources, prendre en charge tout ou partie des frais liés à une procédure judiciaire, incluant les honoraires d'avocat, les frais d'expertise, et les autres frais de justice tels que les frais de timbre et d'huissier.

Ce panorama montre l'importance de bien s'entourer et de comprendre les rôles de chaque intervenant dans la gestion d'un litige lié aux bruits de voisinage.

Voilà, vous êtes maintenant armé pour affronter le grand combat des nuisances sonores ! Que ce soit pour tenir tête à vos voisins bruyants, monter un dossier béton avant de les traîner devant les tribunaux, ou simplement connaître vos droits, vous voilà prêt à jouer du glaive (de la justice, bien sûr !).

Soyons honnêtes, dans l'imaginaire collectif, la victime des bruits passe souvent pour le/la casse-pied de service. Surtout si c'est une charmante dame d'un certain âge, celle qu'on associe tout de suite aux tricots, aux chats et… aux tapages nocturnes qui la rendent folle. Et puis, il y a les révélations tardives, ces voisins adorables pendant dix ans, jusqu'à ce qu'ils installent cette pompe à chaleur digne d'un moteur d'avion dans leur jardin. Là, c'est clair, vous découvrez enfin leur « vraie » nature.

Heureusement, le monde n'est pas peuplé que de fanatiques de la perceuse ou de la tondeuse qui choisissent le dimanche matin pour régler leurs comptes avec le gazon. Ou encore d'artistes incompris, comme le musicien d'en face, joueur de congas, qui se plaint que vous bridiez son élan créatif à 23 h, car lui, ne dort pas.

Mais, rassurez-vous, tout n'est pas perdu ! Vous croiserez parfois des voisins absolument choupinous — ces rares spécimens qui, plutôt que de vous ignorer, viendront à votre rescousse alors que tout le monde vous aura laissé tomber. Oui, oui, ils existent, promis ! À vous de les découvrir.

Remerciements

Écrire un livre, c'est un vrai combat contre le vacarme des idées, et pour y parvenir, il faut toute une équipe de soutien. Permettez-moi de remercier chaleureusement tous ceux qui ont fait partie de cette aventure littéraire.

Tout d'abord, la Dream Team : Céline et Assya. Vos retours toujours bienveillants résonnent dans ma tête comme une douce mélodie (contrairement aux perceuses du dimanche matin). Merci pour vos conseils !

Un grand merci à l'Association Anti-bruit de voisinage (AAbV), notamment à sa Présidente et à certains adhérents que j'ai eu le plaisir d'interviewer. Une pensée reconnaissante à M. Christophe CELLA, acousticien et membre de l'AAbV.

Mes remerciements vont également à mes correctrices : Émilie et Sophie, qui ont traqué chaque faute avec la précision d'un radar antibruit. Grâce à vous, ce guide est aussi clair qu'un silence bien mérité après une longue journée.

Et bien sûr, merci à celles et ceux que j'aurais oubliés. Si vous ne figurez pas dans cette liste, rassurez-vous, c'est probablement parce que vous avez été aussi discrets qu'un voisin parfait… Quoi qu'il en soit, votre contribution a été précieuse !

Contacts et liens utiles

Septembre 2024

NB : les liens internet peuvent devenir caducs à la longue, faire une recherche sur un moteur de recherche bien connu.

Conseil National du Bruit (CNB) :
Publication de plusieurs guides dont celui relatif au constat d'infraction sans mesurage des bruits de voisinage.

https://www.ecologie.gouv.fr/politiques-publiques/conseil-national-du-bruit#les-guides-du-cnb-1

Centre d'information sur le bruit :
https://bruit.fr/

Association Anti-bruit de Voisinage :
https://www.aabv.fr/

Enquête IFOP/JNA sur le bruit – Les décibels de la discorde – 8 mars 2022 https://www.ifop.com/publication/le-comportement-et-les-attentes-des-francais-face-aux-nuisances-sonores/

Trouver son PLU :
https://www.geoportail-urbanisme.gouv.fr/info-general/

Association Française pour les Pompes À Chaleur (AFPAC) :
https://www.afpac.org/Votre-tranquillite-acoustique-10-recommandations-pour-l-utilisateur_a673.html

Aides financières à la rénovation de son logement :
https://www.service-public.fr/particuliers/vosdroits/F31911#:~:text=Prime%20Coup%20de%20pouce%20R%C3%A9novation,l'%C3%A2ge%20ou%20au%20handicap

Aides financières de l'ANAH :
https://www.service-public.fr/particuliers/vosdroits/F1328.

Acoustique :

Permanence d'information acoustique : https://bruit.fr/particuliers/se-renseigner/per manence-info-bruit-de-conseil-en-acoustique-des-logements

Christophe CELLA, acousticien.

www.resonanceacoustique.com

Droit à la preuve – revirement de jurisprudence : https://actu.dalloz-etudiant.fr/a-la-une/article/revirement-de-jurisprudence-le-droit-a-la-preuve-lemporte-sur-la-loyaute-de-la-preuve/h/48c29116d15e4257fc2ca3116b75419e.html

CDAD : https://lannuaire.service-public.fr/navigation/cdad

Si vous souhaitez être informé de nos prochaines parutions dans la collection « 5 conseils pour s'en sortir », une seule adresse :

www.5conseilspoursensortir.fr